EXPLOREMOS LA CIENCIA

# Uso de instrumentos científicos

SUSAN
MARKOWITZ
MEREDITH

Rourke
Educational Media

rourkeeducationalmedia.com

www.rourkeeducationalmedia.com

Edición de la versión en inglés: Edited by Kelli L. Hicks
Cubierta y diseño interior: Teri Intzegian
Traducción: Yanitzia Canetti
Adaptación, edición y producción de la versión en español de Cambridge BrickHouse, Inc.

ISBN 978-1-61810-471-7 (Soft cover - Spanish)

Rourke Educational Media
Printed in the United States of America,
North Mankato, Minnesota

www.rourkeeducationalmedia.com - rourke@rourkepublishing.com
Post Office Box 643328 Vero Beach, Florida 32964

# Contenido

# CAPÍTULO UNO

# Uso de herramientas en ciencia

Todos usamos herramientas para hacer cosas. Para tomar la sopa, utilizamos una cuchara. Para mover una caja pesada, utilizamos una carretilla. Para escribir nuestro nombre, utilizamos un lápiz. Cada herramienta, grande o pequeña, existe para hacer un trabajo.

## ¿SABÍAS QUE...?

Las herramientas han ayudado a las personas a lo largo de la historia. Lanzas y flechas ayudaron a los antiguos cazadores. Los primeros agricultores hicieron uso de arados simples. Para escribir, la gente alguna vez utilizó cañas huecas y plumas de ave.

# Más allá de nuestro poder

Las herramientas nos permiten hacer cosas más allá de nuestras capacidades naturales. Algunas amplían nuestra fuerza física y nuestra velocidad. Otras amplían los límites de nuestros sentidos. Y otras funcionan como un cerebro más.

Los instrumentos que usamos para medir, nos ayudan a ampliar nuestra comprensión del mundo.

# La herramienta adecuada

Sin la herramienta adecuada, muchas tareas serían difíciles o imposibles. Pero una herramienta útil puede inspirar a la gente a usarla de varias maneras. Sin embargo, una herramienta no sirve para todo. Así que los inventores diseñan nuevas y mejores herramientas para trabajos específicos.

## ¿SABÍAS QUE...?

El término **tecnología** se aplica a cualquier uso práctico del conocimiento científico. Muchas naciones son tecnológicamente avanzadas porque el estilo de vida de sus ciudadanos depende de la tecnología.

El conocimiento científico contribuye a la invención de algunos aparatos. La bombilla de luz, por ejemplo, no existiría sin el conocimiento de la electricidad. Asimismo, los primeros descubrimientos científicos hicieron posible los motores, televisores y hornos de microondas.

# DEL PASADO AL PRESENTE

## TELEVISIÓN

La redes de televisión envían señales a través del aire a la velocidad de la luz. Hoy en día, todas las señales de televisión en los Estados Unidos son digitales.

**PASADO**

**PRESENTE**

## REPRODUCTORA

**PASADO**

Las cintas de audio almacenan música en señales magnéticas. Los CD y los archivos digitales almacenan datos. Todos los reproductores de música vuelven a convertir el material almacenado en sonido.

**PRESENTE**

## BOMBILLA DE LUZ

Todas las bombillas utilizan energía eléctrica para producir luz. Los últimos tipos de bombillas han sido mejorados para que produzcan luz con menos electricidad.

**PASADO**

**PRESENTE**

## TELÉFONO CELULAR

**PRESENTE**

Cada teléfono celular utiliza ondas de radio para enviar y recibir mensajes. Mensajes de voz, textos, fotos y videos son comunes en los teléfonos celulares de hoy en día.

**PASADO**

# Instrumentos científicos dondequiera

Los científicos, los de antes y los de ahora, usan herramientas e instrumentos como ayuda en la búsqueda de información. Desde las más simples hasta las más desarrolladas, las herramientas son útiles en cada etapa del **proceso** científico. Algunas son ideales para observar y recopilar información. Los científicos confían en otras herramientas para realizar sus experimentos. Para organizar y almacenar datos, y compartirlos con los demás, los científicos usan un conjunto aún más diverso de herramientas.

Dondequiera que se lleve a cabo una investigación científica, se usan herramientas. En los laboratorios, los biólogos utilizan poderosos instrumentos para estudiar las células. Los químicos usan ciertos dispositivos para analizar las sustancias. En el campo, instrumentos especiales permiten a los geólogos explorar la Tierra y a los astrónomos estudiar las estrellas.

BIÓLOGO

ASTRÓNOMO

QUÍMICO

# CAPÍTULO DOS

# Instrumentos que aumentan los sentidos

Usamos nuestros sentidos para observar lo que nos rodea. Para algunos científicos, sin embargo, esto no es suficiente. Ellos confían en instrumentos que van mucho más allá de lo que les permiten sus propios sentidos.

*Los prismáticos, que se sujetan con las manos, son dos telescopios, uno al lado del otro.*

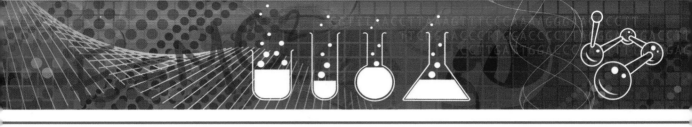

# Observar a lo lejos

Los telescopios hacen que objetos distantes, como planetas y estrellas, parezcan más grandes y cercanos. El telescopio **óptico** es el más común. Al igual que nuestros ojos, utiliza la luz.

A principios de los años 1600, el holandés Hans Lippershey probablemente hizo el primer telescopio óptico. Por esos años, en Italia, Galileo Galilei construyó y usó un telescopio similar para explorar el cielo.

# Tipos de telescopios

Existen varios tipos de telescopios ópticos. El más común es el telescopio **refractor** o dióptico. Este tiene forma de un largo tubo. En el extremo tiene una gran pieza curva de cristal, llamada **objetivo**. Este recoge las ondas de luz de objetos distantes. La lente funciona al disminuir las ondas de luz que pasan a través de ella. Estas ondas tardan más en pasar por la parte central, de mayor espesor. Como resultado, las distintas ondas de luz llegan a la vez al mismo punto del otro lado de la lente. Este punto es el foco y forma una imagen detallada.

Un telescopio refractor tiene además una pequeña lente en el ocular. Esta permite que se pueda ver aún más nítida la imagen.

Visor

Ocular

Ajuste del foco

Prisma diagonal
(en el interior)

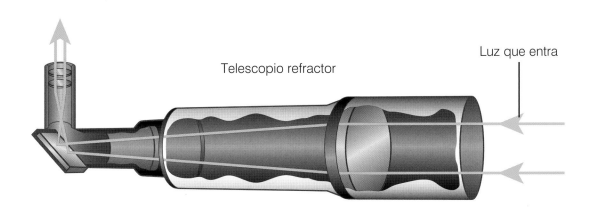

Telescopio refractor

Luz que entra

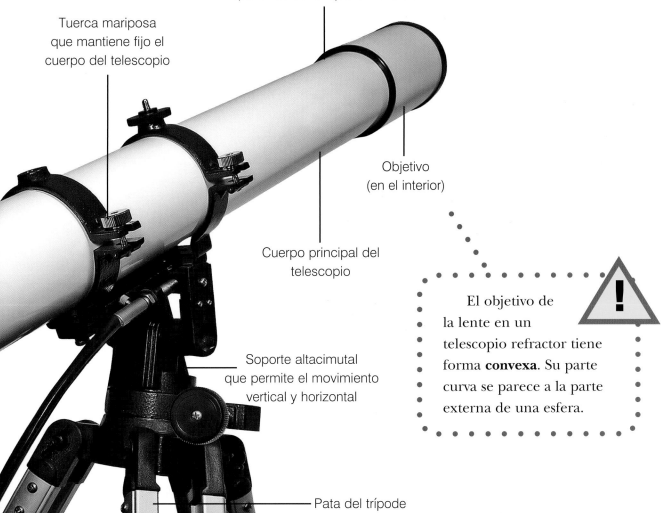

Anillo proyector
que evita los reflejos en la lente

Tuerca mariposa
que mantiene fijo el
cuerpo del telescopio

Objetivo
(en el interior)

Cuerpo principal del
telescopio

Soporte altacimutal
que permite el movimiento
vertical y horizontal

El objetivo de
la lente en un
telescopio refractor tiene
forma **convexa**. Su parte
curva se parece a la parte
externa de una esfera.

Pata del trípode

El científico inglés Isaac Newton fue el primero en construir un telescopio con un espejo en lugar de una lente. Era el año 1668. Hoy en día, los telescopios más grandes usan espejos.

Este tipo de telescopio óptico es un telescopio **reflector**. El espejo principal tiene forma de cuenco. Este refleja todas las ondas de luz que chocan con él. La forma del espejo obliga a las distintas ondas a alcanzar a la vez un mismo punto de enfoque. Un espejo más pequeño refleja otra vez las ondas al ocular, o al dispositivo que produce las imágenes.

## ¿SABÍAS QUE...?

El telescopio espacial Hubble es un poderoso telescopio reflector que orbita la Tierra. Las imágenes que forma son sumamente detalladas. Son más nítidas que las que forman los telescopios en el suelo.

Muchos de los grandes telescopios ópticos se encuentran en **observatorios** remotos. El observatorio Keck, por ejemplo, se ubica en una montaña volcánica en Hawai. Cada uno de sus dos telescopios ópticos utiliza un enorme espejo reflector.

Otros tipos de telescopios captan ondas de diferentes objetos en el espacio, entre ellas, las ondas de radio, ultravioletas, infrarrojas, e incluso los rayos-X.

¡El observatorio Keck tiene 8 pisos de alto y pesa 300 toneladas!

# Una mirada de cerca

Las lupas son lentes que hacen que los objetos se vean más grandes de lo que realmente son. Pero solo pueden ampliar algo de 10 a 20 veces (10x a 20x). Los microscopios, sin embargo, hacen que los objetos se vean cientos o miles de veces más grandes.
El microscopio óptico, o de iluminación, es del tipo más común.

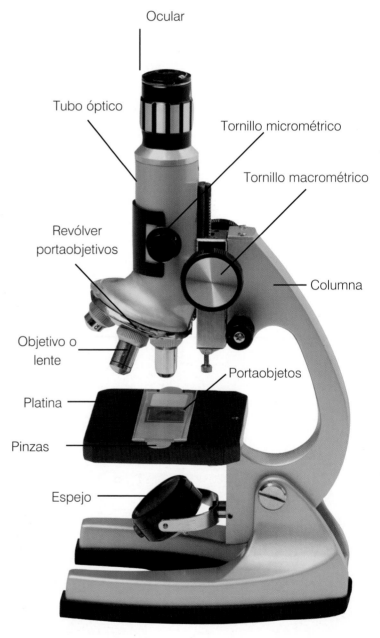

Ocular

Tubo óptico

Tornillo micrométrico

Tornillo macrométrico

Revólver portaobjetivos

Columna

Objetivo o lente

Portaobjetos

Platina

Pinzas

Espejo

# Cómo funciona un microscopio óptico

| PARTES DEL MICROSCOPIO | FUNCIÓN |
|---|---|
| **Espécimen, portaobjetos, platina y espejo** | El espécimen o muestra sobre el portaobjetos se apoya en la platina. El espejo de abajo refleja hacia arriba la luz a través de un agujero en la platina. El usuario ajusta el espejo para dirigir más o menos luz hacia la muestra. |
| **Revólver portaobjetivos** | El revólver sujeta el sistema de lentes u objetivos. Cada objetivo aumenta el tamaño de la muestra en una proporción diferente. El usuario hace girar el revólver para elegir un objetivo. Los microscopios con dos o tres objetivos son microscopios compuestos. |
| **Ocular** | El ocular contiene una lente que aumenta aún más la imagen que forman los objetivos. El usuario ajusta el foco haciendo girar los tornilllos macrométrico y micrométrico. |

# Otros microscopios ópticos

Algunos microscopios ópticos no recogen la luz de una vez. En su lugar, escanean la muestra con un haz láser, punto por punto. Un dispositivo especial mide la luz que proviene de cada lugar. Luego, una computadora utiliza estos datos para mostrar una imagen en el monitor.

# Ondas más cortas que la luz

Para aumentar aún  más el tamaño de una muestra, los científicos suelen usar **microscopios electrónicos**. Estos forman imágenes usando haces de electrones en lugar de pequeñas ondas de luz. Algunos muestran detalles menores a un angstrom. Un **angstrom** equivale a 1/10 000 000 milímetros (1/254 000 000 pulgadas).

Un microscopio electrónico revela un detalle asombroso en esta diminuta hormiga.

Hoy en día los microscopios de alta potencia óptica amplían una muestra hasta 2000 veces. Los primeros microscopios de un solo lente, realizados por el científico holandés Anton van Leeuwenhoek, magnificaban no más de 270 veces.

*Los haces de luz de este microscopio electrónico son menores que un angstrom de longitud. Son cerca de 4000 veces más pequeños que las ondas cortas de luz visible.*

# Grabación de señales y sonidos

Los científicos que quieren registrar lo que ven y oyen utilizan muchos aparatos. Una cámara de vídeo es una herramienta común para grabar tanto imágenes como sonidos. Este aparato, que usa baterías, tiene un micrófono incorporado. Algunas cámaras de vídeo graban en cinta magnética. Los modelos más nuevos usan tarjetas de memoria.

*Las tarjetas de memoria son ideales para guardar imágenes de una cámara pequeña*

Hoy en día se usan muchos otros tipos de dispositivos de grabación. Las cámaras de alta velocidad, por ejemplo, permiten a los investigadores observar diversos procesos en cámara lenta. Algunas cámaras permiten a los científicos captar objetos en total oscuridad. Otras funcionan en las profundidades del océano.

*Las cámaras submarinas deben ser totalmente impermeables, es decir, a prueba de agua.*

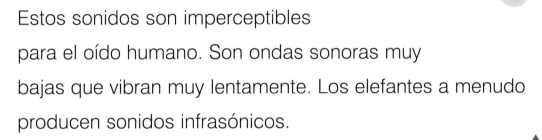

# El sonido de los animales

Un equipo especial de audio es útil para recoger los **sonidos infrasónicos**. Estos sonidos son imperceptibles para el oído humano. Son ondas sonoras muy bajas que vibran muy lentamente. Los elefantes a menudo producen sonidos infrasónicos.

Los médicos utilizan aparatos que envían ondas de **ultrasonido** dentro del cuerpo. Estas ondas son tan agudas que el oído humano no las puede oír. Un aparato de ultrasonido convierte los ecos de esas rápidas vibraciones de ondas en imágenes. Usando esta técnica, el médico puede ver un feto dentro del vientre de una madre.

*Los científicos que usan aparatos de infrasonidos han descubierto que los elefantes se comunican a grandes distancias con el sonido profundo que producen.*

# CAPÍTULO TRES

# Instrumentos para medir

El tamaño y el peso de un objeto son medibles. También podemos medir su cantidad, qué tan caliente o frío, o cuán cerca o lejos está. Incluso se puede medir el cuándo y el dónde. Aunque estas medidas son diferentes unas de otras, todas tienen algo en común. Cada una se refiere a un conjunto específico de unidades ya establecidas por las personas.

Francia adoptó por primera vez el sistema métrico en 1795. Hoy en día, la gente de casi todos los países usan este sistema.

# El sistema métrico

El sistema métrico es un grupo de unidades de medida. Todas sus unidades, grandes y pequeñas, se establecen usando múltiplos de 10. Este sistema es muy útil para los científicos debido a que cada unidad está conectada. Por ejemplo, la unidad básica de longitud es el metro. Un kilómetro es igual a 1000 metros. Así mismo, un kilogramo equivale a 1000 gramos. El gramo es la unidad que se utiliza para medir el peso.

## ¿SABÍAS QUE...?

En Estados Unidos, suelen usarse unidades tradicionales de medida, en lugar del sistema métrico. Pulgadas, pies, yardas y millas son las unidades para la longitud. Se usan onzas y libras para medir el peso. El volumen se mide en tazas, pintas, cuartos y galones. No existe un sistema común para conectar estas diversas unidades.

# Medición de la temperatura

Un termómetro es un instrumento para medir la temperatura de los diferentes gases, líquidos y sólidos. Hay muchos tipos de termómetros. Un tipo común es el termómetro de expansión térmica.

Los termómetros de expansión térmica tienen un largo tubo de vidrio con un bulbo en la base. Sellado dentro del tubo, hay mercurio líquido. Cuando la temperatura sube, el mercurio se expande y asciende por el tubo. Cuando la temperatura baja, el mercurio se contrae y desciende.

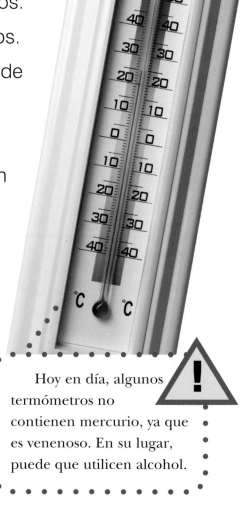

Hoy en día, algunos termómetros no contienen mercurio, ya que es venenoso. En su lugar, puede que utilicen alcohol.

Las marcas en el exterior del tubo son la escala de temperatura. Esta escala da un valor a la altura variable del mercurio. El valor, o la marca, depende de la escala utilizada.

Termómetro meteorológico

Termómetro de laboratorio

Termómetro clínico

# Diferentes escalas de temperatura

Algunos termómetros usan dos escalas diferentes de temperatura: Celsius y Fahrenheit. Anders Celsius y Gabriel Fahrenheit fueron sus creadores. Ambos vivieron en la década de 1700.

Los dos puntos más importantes de estas escalas son el punto de congelación y de ebullición del agua. La escala Celsius marca el punto 0° cuando el agua se congela y 100° cuando el agua hierve. La diferencia entre los dos puntos es de 100°. La escala Fahrenheit marca 32° en su punto de congelación y 212° en su punto de ebullición. La diferencia entre los dos puntos es de 180°.

Los científicos de todo el mundo usan la escala Celsius. Su sistema de 100 puntos encaja con el sistema métrico decimal.

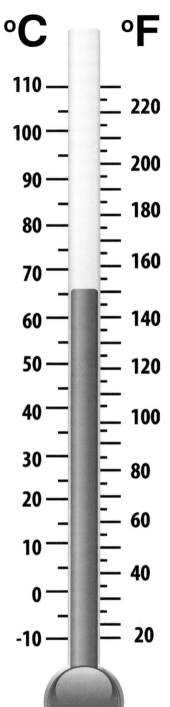

°C    °F

110
      220
100
      200
90
      180
80
      160
70
60    140
50    120
40    100
30    80
20    60
10
      40
0
-10   20

## ¿SABÍAS QUE...?

El físico británico Lord Kelvin consideraba que había un límite de frío al que podía llegar algo. En los 1800 creó una escala de temperatura basada en la idea de que existe un cero absoluto. El cero absoluto, o 0°, en la escala Kelvin, equivale a -273,15 °C o -459,67 °F.

*Las escalas Celsius y Fahrenheit se diferencian en las unidades que utilizan para medir el ascenso y descenso del mercurio.*

# Medición del peso

Los aparatos para determinar el peso han existido desde hace mucho tiempo. El primero, llamado balanza, era popular en el antiguo Egipto hace 4500 años. Incluso hoy los científicos utilizan balanzas para pesar materiales ligeros.

*La balanza de dos platillos es uno de los diferentes tipos de balanzas que existen.*

# Balanza de brazos iguales

Este tipo de balanza es útil para asegurarse de que dos materiales pesan lo mismo. Tiene una barra horizontal que sostiene una bandeja que cuelga en cada extremo. El usuario coloca un material cuyo peso conoce en la primera bandeja y otro material en la segunda bandeja. Si la primera bandeja es más pesada, descenderá.

Para igualar los pesos, el usuario añade más material en la segunda bandeja. Finalmente, las dos bandejas quedan a la misma altura. Por lo general, un puntero muestra si las bandejas están equilibradas. Si es así, los materiales pesan lo mismo.

*En una balanza de brazos iguales, una pieza de metal suele sostener el centro de la barra horizontal.*

# Balanza de triple brazo (granataria)

Otro instrumento común para determinar el peso de algo es la balanza de triple brazo. Esta báscula mecánica pesa los objetos de otra manera. Pero sigue siendo una balanza ya que su función consiste en equilibrar diferentes pesos.

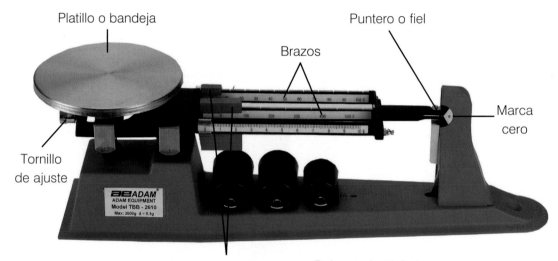

Platillo o bandeja

Puntero o fiel

Brazos

Marca cero

Tornillo de ajuste

Pesas corredizas

Balanza de triple brazo

# ¡¡¡INTÉNTALO!!!

## PASO 1

Para pesar algo, primero el usuario desplaza las tres pesas corredizas hacia el lado izquierdo de los brazos. El puntero o fiel debe marcar cero en la escala.

## PASO 2

Luego se coloca el objeto en el platillo. El puntero se alejará del cero. Al desplazar las dos pesas corredizas más pesadas, y luego la más ligera, a la posición correcta, el puntero volverá a marcar cero. Ahora la carga está balanceada.

## PASO 3

Para leer el peso del objeto en gramos, se suman los tres números que marcan las pesas corredizas.

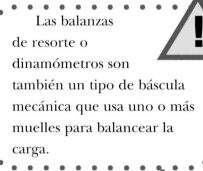

Las balanzas de resorte o dinamómetros son también un tipo de báscula mecánica que usa uno o más muelles para balancear la carga.

Balanza de resorte

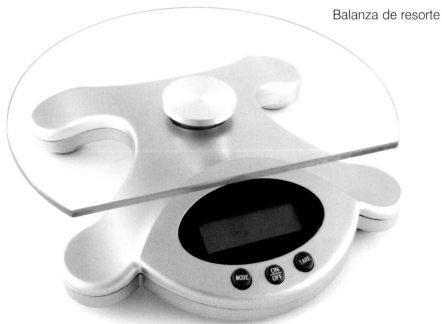

*Las balanzas electrónicas de hoy pesan objetos con gran precisión.*

Balanza electrónica

# En el laboratorio

Los científicos trabajan mucho en el laboratorio. Allí pueden estudiar bien los objetos y materiales que han recogido afuera. El laboratorio es además un lugar útil para realizar experimentos y comprobar las ideas.

## Instrumentos típicos del laboratorio

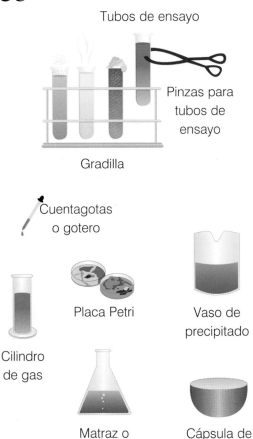

Tubos de ensayo

Pinzas para tubos de ensayo

Gradilla

Cuentagotas o gotero

Placa Petri

Vaso de precipitado

Matraz o erlenmeyer

Cápsula de evaporación

Cilindro de gas

Papel de filtro

Embudo

Frasco volumétrico

Probeta graduada

Trípode

Mechero Bunsen

# ¿De qué está compuesta una mezcla?

Cuando los científicos quieren estudiar los componentes de una mezcla, necesitan equipos avanzados. Un equipo llamado **centrífuga** separa las mezclas líquidas.

*Las centrífugas giran de 800 a 6000 vueltas por minuto.*

También separa los sólidos dentro de un líquido. La centrífuga funciona haciendo rotar los frascos que contienen las mezclas. Esto hace que se separen las diferentes sustancias. Cada una tiene una **densidad** diferente.

# Seguridad en el laboratorio

El trabajo de laboratorio suele involucrar productos químicos, vidrios y llamas. Por eso se deben seguir ciertos procedimientos de seguridad. Los científicos de todas las edades aprenden a montar los equipos de laboratorio y a usarlos correctamente. También reciben capacitación sobre cómo realizar experimentos de manera cuidadosa, siguiendo paso por paso. Esto garantiza la seguridad en el laboratorio y que los resultados no sean accidentes.

## ¡¡¡RECOMENDACIÓN!!!

### PARA MANIPULAR OBJETOS DE VIDRIO:

- Usa pinzas o guantes protectores para agarrar vidrios calientes.
- Evita manipular vidrios rotos.
- No uses frascos de vidrio astillados, agrietados o sucios.
- Nunca coloques un vidrio caliente en agua fría.

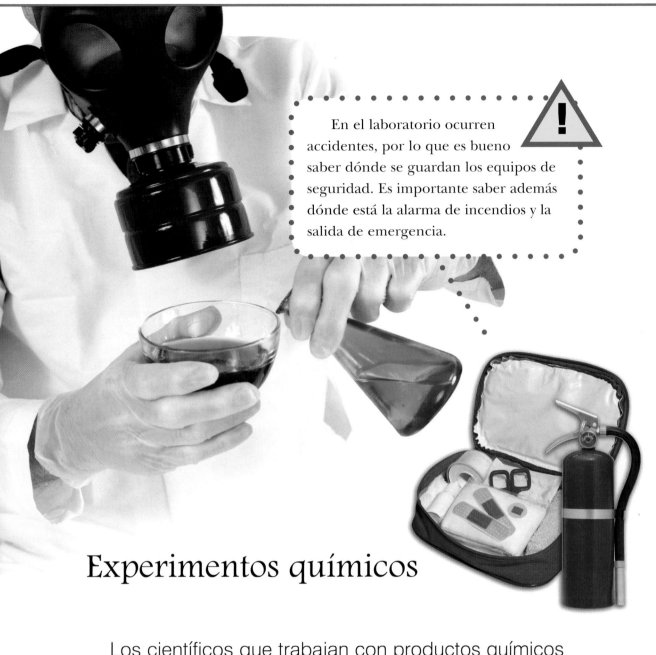

# Experimentos químicos

Los científicos que trabajan con productos químicos saben que estos materiales pueden ser peligrosos. Para minimizar el peligro, los químicos leen todas las etiquetas. También saben cómo desechar las sustancias químicas y cómo transferirlas de un lugar a otro.

# CAPÍTULO CUATRO

# Modelos como herramientas

Los científicos suelen usar palabras para explicar sus hallazgos. Sin embargo, la presentación de ideas de una manera visual es a veces más eficaz. Tales modelos visuales representan un objeto real o un proceso. Los modelos pueden explicar incluso una ley de la naturaleza.

Algunos modelos son bidimensionales (2D), mientras que otros son tridimensionales (3D). Y otros se pueden mover de alguna manera. Independientemente del tipo de modelo, este puede servir como una herramienta para la comprensión.

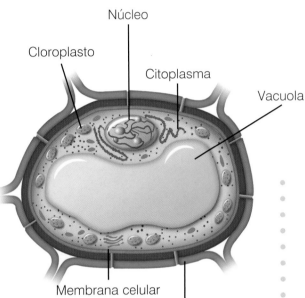

Cloroplasto

Núcleo

Citoplasma

Vacuola

Membrana celular

Pared celular

# MODELOS FÍSICOS

Este es un modelo de la Tierra, desde su corteza exterior al núcleo interior.

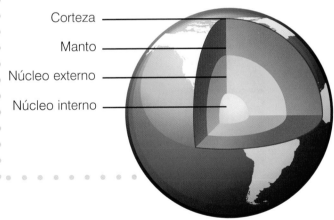

Corteza

Manto

Núcleo externo

Núcleo interno

Este modelo muestra la estructura de la célula típica de una planta.

Los modelos del sistema solar suelen tener partes movibles

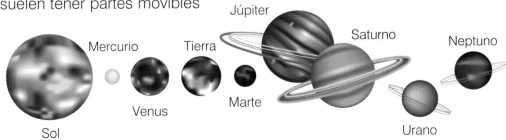

Júpiter

Mercurio

Tierra

Saturno

Neptuno

Venus

Marte

Sol

Urano

# Modelos de cómo funciona algo

Varios de los ciclos y leyes de la naturaleza son difíciles de comprender. Estos pueden ser muy complejos. Los modelos pueden ayudar a hacer que estos conceptos sean más comprensibles.

*Los modelos científicos no son perfectos. No pueden mostrar todos los detalles de un objeto o un ciclo. A menudo, cambian a medida que los científicos hacen nuevos descubrimientos.*

# BIDIMENSIONAL

Modelo del Ciclo del agua

Lluvia, granizo o nieve

Nube

Río

Vapor de agua

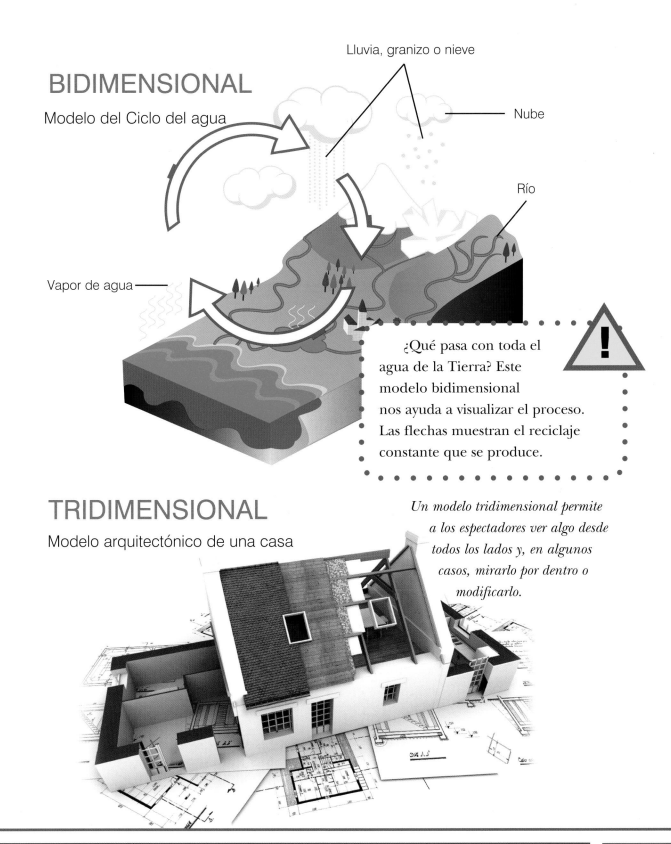

¿Qué pasa con toda el agua de la Tierra? Este modelo bidimensional nos ayuda a visualizar el proceso. Las flechas muestran el reciclaje constante que se produce.

# TRIDIMENSIONAL

Modelo arquitectónico de una casa

*Un modelo tridimensional permite a los espectadores ver algo desde todos los lados y, en algunos casos, mirarlo por dentro o modificarlo.*

# Modelos de computadoras

Las computadoras hacen posible nuevos tipos de modelos. Los científicos pueden construir modelos informáticos que se pueden ver desde diferentes ángulos y en diferentes capas. Además, los modelos pueden mostrar procesos naturales de todo tipo y paso por paso.

La pregunta central de algunos modelos de computadora es: ¿Qué pasaría si? ¿Qué pasaría si esta o aquella condición cambiara? ¿Cómo afectaría el modelo? Este tipo de modelo cambiante se conoce como **simulación**. Los científicos de todas las edades hacen uso de simulaciones en computadora.

¿Cómo un ecosistema responde ante condiciones diferentes? ¿Cómo un edificio resiste los terremotos? Estos son ejemplos de simulaciones computarizadas.

# CAPÍTULO CINCO

# Los instrumentos científicos cambian

*Los jóvenes científicos están ansiosos por probar sus ideas.*

El conocimiento científico aumenta día a día. Como resultado, la nueva tecnología se está desarrollando todo el tiempo. Esta suele mejorar nuestras vidas de alguna manera. Pero esta misma tecnología también les puede abrir nuevas puertas a los científicos. Muchos hacen uso de las últimas herramientas para probar sus ideas. Sus nuevos descubrimientos pueden dar lugar a nueva tecnología.

# Tecnología de computadora

La tecnología informática se inició en la década de 1940. Las primeras computadoras eran tan grandes que ocupaban habitaciones enteras. Pero el conocimiento científico permitió avances en la tecnología. Hoy en día, los dispositivos de computación son millones de veces más pequeños. Son más poderosos y rápidos que nunca.

*Esta científica utiliza una computadora para darle seguimiento a sus resultados.*

Los científicos usan diversos tipos de computadoras. Sea cual sea el trabajo, un científico depende de la velocidad y **precisión** de la computadora para realizar su trabajo.

# Mini-tecnología

Una nueva tecnología está entrando cada vez más en nuestra vida diaria. Es la tecnología de lo super pequeño. Se le conoce como **nanotecnología**. Nano significa mil millonésimas. Un nanómetro es una mil millonésima de metro (1/25 400 000 pulgadas). Científicos e ingenieros están usando actualmente esta tecnología para crear productos y materiales.

*Hoy en día, los fabricantes utilizan nanopartículas en algunos envases para evitar que los alimentos se echen a perder.*

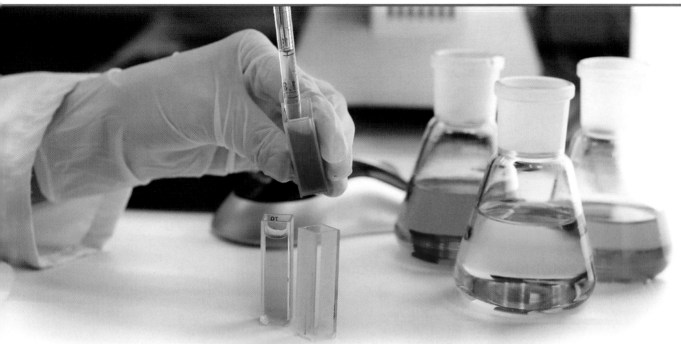

# Las herramientas, herramientas son

La nanotecnología será una herramienta importante en el futuro. Ya algunos científicos usan nano partículas para acelerar reacciones químicas. Otros utilizan nanotubos como conductores de electricidad. Los nanodispositivos, pueden actuar incluso como sensores. A medida que la tecnología avanza, estas pequeñas herramientas serán capaces de hacer cosas que no se habían hecho antes.

Pero incluso las herramientas científicas más avanzadas tienen algo en común con las más sencillas. Todas tienen una función. Y esa función es ayudar a los científicos a entender mejor el mundo en que vivimos.

**angstrom**: 1/10 000 000 milímetros (1/254 000 000 pulgadas)

**centrífuga**: aparato giratorio que separa sustancias de acuerdo a su densidad

**convexo**: curvada hacia afuera, como el exterior de una esfera

**cromatógrafo**: dispositivo que separa sustancias empujándolas a través de un material que las absorve a un ritmo diferente

**densidad**: cuán ligero o pesado es algo según su tamaño

**microscopio electrónico**: tipo de microscopio que usa haces de electrones en vez de ondas luminosas

**nanotecnología**: manejo cuidadoso de la cantidad más pequeña de una sustancia, como moléculas y átomos, para construir estructuras más grandes

**óptico**: relacionado con la vista

**objetivo**: otro nombre para el lente de un telescopio o microscopio

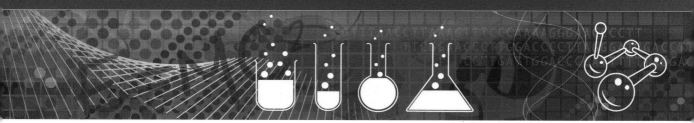

**observatorios**: edificios donde se encuentran los telescopios y otros equipos que se usan para observar el espacio

**precisión**: ser cuidadosos y exactos

**proceso**: grupo de acciones que se realizan paso por paso hasta llegar a un resultado

**reflejar**: rebotar, devolver, proyectar

**refractar**: doblar o cambiar de dirección

**simulación**: copia o imitación de algo

**sonido infrasónico**: por debajo de un tono audible para el ser humano

**tecnología**: conocimiento científico que se usa para hacer cosas prácticas

**ultrasonido**: sonido tan agudo que el ser humano no lo puedo oír

# Índice

# Sitios en la internet

amazing-space.stsci.edu

www.billnye.com

news.nationalgeographic.com/news/2008/12/photogalleries/
   best-microscopic-life-photos/index.html

www.sciencenewsforkids.org

# Acerca de la autora

A Susan Markowitz Meredith le gusta aprender sobre la naturaleza de las cosas. Disfruta sobre todo compartir lo que descubre con los jóvenes lectores. Hasta el momento, ha escrito 40 libros de diversos temas, incluidas las ciencias naturales y físicas. La Sra. Meredith ha producido además varios programas de televisión para los jóvenes pensadores.